NHK出版オリジナル楽譜シリーズ

JN022896

さよーならまたいつか！

米津玄師

Contents

NHK出版

　台本を読んで、主人公の寅子の生き様を振り返りながら、並々ならぬエネルギー、力強くも軽やかな何かをこの曲に宿したいと思い作っていったのを覚えています。

　100年先という言葉が何度か出てきますが、ものすごく遠い未来に想いを馳せることがよくあって、そうすると安心するんです。

　今なおこの世は問題だらけで、怒りだとか悲しみだとかの感情に支配される瞬間はあるけれど、100年もたてばおそらく誰も覚えていない。些末なことだなと思えるので、ある種の救いとして機能しているんですよね。

　それと同時に、自分が起こした何かというのは残り続けるだろうなとも思うんです。道端のガードレールもバス停も、誰が作ったかなんて知らないけれど、この世の中は先人たちが残した祈りで満ちている。私たちの営みが脈々と受け継がれながら辿り着いた先には、その世界を当たり前の世界として生きる人がいる。そのことが自分にとって救いのように感じられるんです。

　この物語のモデルになった三淵嘉子さんからしても、自分たちは100年先の誰かであるはずだし。自分たちにとっても、100年先にはまだ見もしない、生まれてもいない誰かがおそらくいるだろうし。そうやって、連続して祈りや願いを絶やさずに生きてきたから今の自分たちがいる。その連鎖は非常に美しいことだと思うし、「虎に翼」の曲を書く上でとても重要だと思いました。

米津玄師

さよーならまたいつか！

米津玄師

どこから春が巡り来るのか　知らず知らず大人になった
見上げた先には燕が飛んでいた　気のない顔で

もしもわたしに翼があれば　願う度に悲しみに暮れた
さよなら100年先でまた会いましょう　心配しないで

いつの間にか　花が落ちた　誰かがわたしに嘘をついた
土砂降りでも構わず飛んでいく　その力が欲しかった

誰かと恋に落ちて　また砕けて　やがて離れ離れ
口の中はたと血が滲んで　空に唾を吐く
瞬け羽を広げ　気儘に飛べ　どこまでもゆけ
100年先も憶えてるかな　知らねえけれど　さよーならまたいつか！

しぐるるやしぐるる町へ歩み入る　そこかしこで袖触れる
見上げた先には何も居なかった　ああ居なかった

したり顔で　触らないで　背中を殴りつける的外れ
人が宣う地獄の先にこそ　わたしは春を見る

誰かを愛したくて　でも痛くて　いつしか雨霰
繋がれていた縄を握りしめて　しかと噛みちぎる
貫け狙い定め　蓋し虎へ　どこまでもゆけ
100年先のあなたに会いたい　消え失せるなよ　さよーならまたいつか！

今恋に落ちて　また砕けて　離れ離れ
口の中はたと血が滲んで　空に唾を吐く
今羽を広げ　気儘に飛べ　どこまでもゆけ
生まれた日からわたしでいたんだ　知らなかっただろ　さよーならまたいつか！

さよーならまたいつか！

作詞・作曲　米津玄師
ピアノ編曲　アベタカヒロ

© 2024 NHK Publishing, Inc.

さよーならまたいつか！

作詞・作曲　米津玄師
採譜　アベタカヒロ

さよーならまたいつか！

作詞・作曲　米津玄師
ピアノ編曲　アベタカヒロ

♩=122

どこからはる が めぐりくるの か しらず しらず おとなにーなっ

た みあげた さーきに はつばめが とんでいた きのな

ー いかおで もしもわたし に つばさがあれ

さよーならまたいつか！

作詞・作曲　米津玄師
合唱編曲　アベタカヒロ

※歌いやすさを考慮し、原曲とは異なる調に編曲しています。
※演奏時間 約3分20秒。

19